L'IMAGERIE DE L'EVEIL

LES COULEURS

Conception
Émilie BEAUMONT

Images
Lindsey SELLEY

FLEURUS ENFANTS

ÉDITIONS FLEURUS, 11, rue Duguay-Trouin 75006 PARIS

ROUGE

Regarde bien
les dessins et nomme tout
ce qui est rouge.

des cerises

une langouste

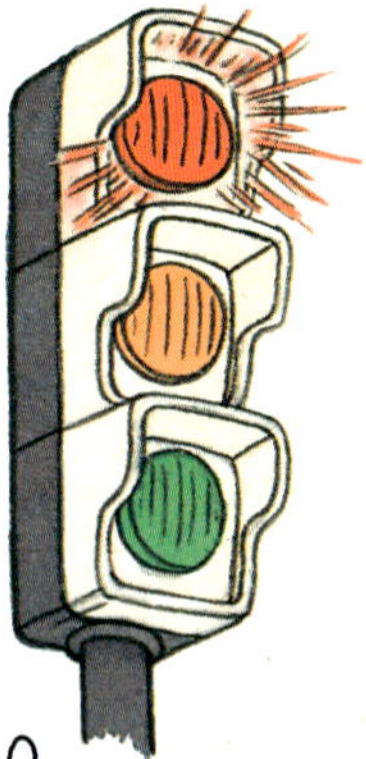

un feu rouge

une tomate

une fraise

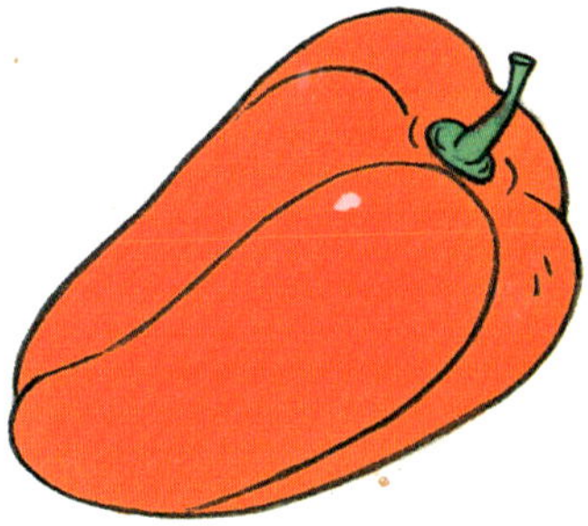

un poivron

un poisson

des groseilles

un coquelicot

Regarde bien tous les dessins rouges en bas de cette page.
Essaie de les remettre à leur place dans la maison.

JAUNE

Regarde bien
les dessins et nomme
tout ce qui est jaune.

un citron

du maïs

une banane

une jonquille

le soleil

un canari

un poussin

du blé

un bouton d'or

Observe bien tous les dessins jaunes en bas de cette page.
Essaie de les retrouver dans le jardin de Célestin.

BLEU

Regarde bien
les dessins et nomme
tout ce qui est bleu.

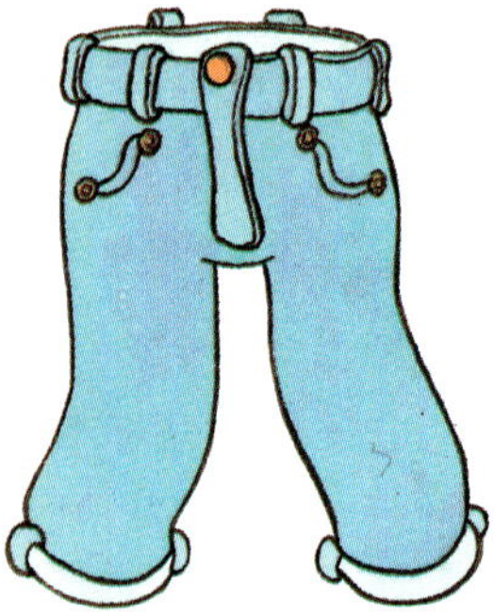
un jean

une tente

le ciel

un bleuet

les yeux

une piscine

un perroquet

un crayon

une jacinthe

Célestin cherche sur la plage tous les objets bleus que tu vois autour de l'image. Peux-tu l'aider ? Il en manque deux.

NOIR

Regarde bien
les dessins et nomme
tout ce qui est noir.

le café

l'ardoise

un appareil photo

un pneu

un disque

un singe

un merle

une mouche

la nuit

C'est la nuit ! Dans la grande image, retrouve les silhouettes des dessins que tu vois en bas de la page.

ORANGE

une orange

des carottes

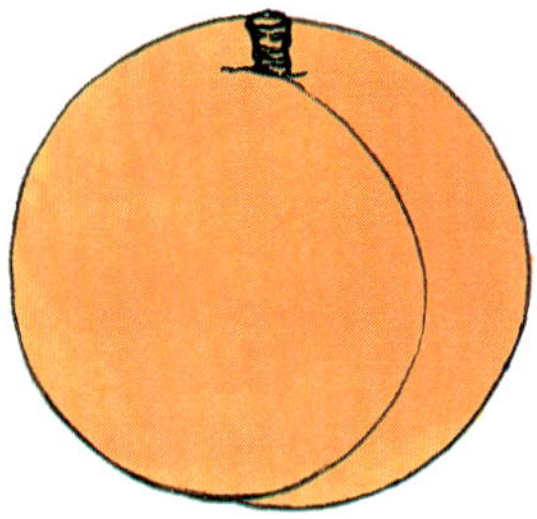
un abricot

Célestin veut manger des légumes orange et des fruits orange. Trouve-les dans le jardin.

VERT

une grenouille

une chenille

un sapin

Célestin fait son marché. Peux-tu l'aider ? Attention ! Aujourd'hui, il n'achète que des légumes verts.

VIOLET

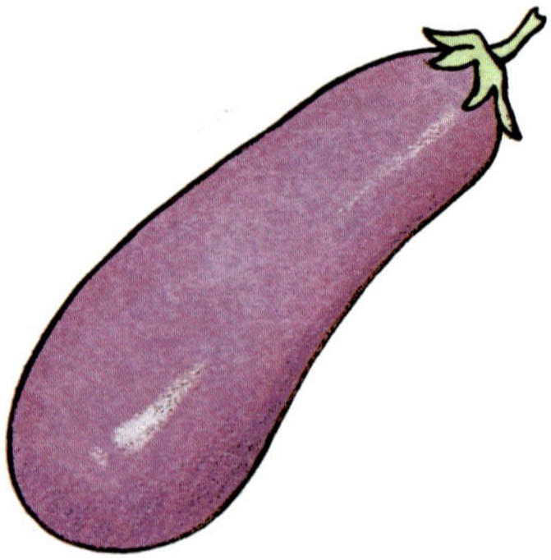
une aubergine

du raisin

une prune

Célestin veut offrir un bouquet de fleurs violettes à Célestine.
Montre les fleurs qu'il doit cueillir.

ROSE

une rose

un cochon

un flamant rose

Cochonnette Rose a perdu ses quatre petits cochons.
Peux-tu les retrouver ?

MARRON

une châtaigne

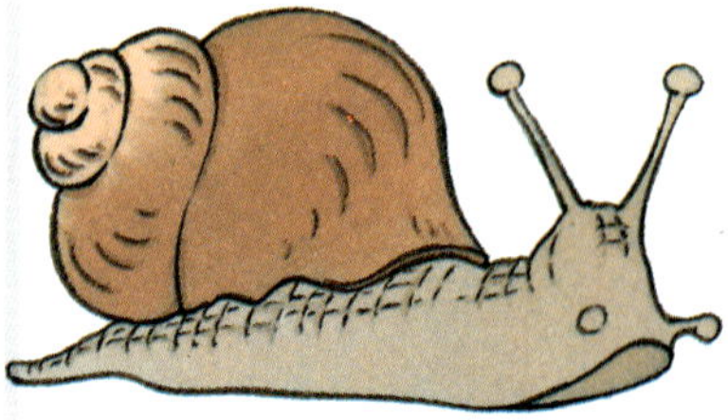

un escargot

une pomme de pin

C'est l'automne ! Célestin se promène en forêt. Montre et nomme tout ce qui est marron.

GRIS

des nuages

une souris

des pierres

Célestin se promène sous la pluie. Montre tout ce qui est gris autour de lui.

UNE PART POUR CHAQUE SOURIS

Aide chaque souris à retrouver la part de gâteau qui est de la même couleur que ses habits.